Kinder-Reich

Wie Kinder unser Leben bereichern

Kinder-Reich

Wie Kinder unser Leben bereichern

Mit Texten von Luther bis Lindgren
und Bildern von Jens Wolf

Herausgegeben von Jutta Koslowski

Präsenz

Für Eva

Bibliografische Information der Deutschen Bibliothek

Die Deutsche Bibliothek verzeichnet diese Publikation in der
Deutschen Nationalbibliografie; detaillierte bibliografische
Daten sind im Internet über http://dnb.ddb.de abrufbar.

© 2014 Präsenz Verlag
Gnadenthal, 65597 Hünfelden
Alle Rechte vorbehalten

Aquarelle: Jens Wolf
Herausgeberin: Jutta Koslowski
Gestaltung und Herstellung: Anna Rörig
Druck: Beltz Bad Langensalza GmbH

ISBN: 978-3-87630-235-5
www.praesenz-verlag.de

Reicher Inhalt

„Wenn ihr nicht werdet wie die Kinder …"

„Kinder-Reich" – mit der Wortschöpfung dieses Buchtitels ist dreierlei gemeint. *Erstens*: Kinder sind ein Reichtum, der größte Reichtum, den das Leben für uns Menschen bereithält. Entgegen der hierzulande verbreiteten Meinung, dass Kinder eine (kaum zumutbare) Belastung seien oder ein Armutsrisiko darstellen würden, soll dieses Buch einen Gegenakzent setzen.

Zweitens: Der Reichtum, den Kinder bedeuten, kann in besonderer Weise in einer „kinderreichen" Familie erlebt werden. Ich selbst habe schon als Kind davon geträumt, einmal eine eigene Familie zu gründen, in der die Kinder in der Mehrheit, also mindestens zu dritt sind. Damit gehört man in Deutschland (einem Land mit einer der weltweit geringsten Geburtenraten) bereits zu den „kinderreichen" Familien.

Mein Mann und ich haben uns Zeit gelassen mit dem Kinderkriegen. Sieben Jahre waren wir schon verheiratet und hatten viel miteinander erlebt, bevor wir uns das erste Kind gegönnt haben. „Na, das wurde aber auch endlich Zeit", war die einhellige Meinung unserer Umgebung, und endlich wurden wir ein „richtiges" Ehepaar. Unser zweites Kind kam nach weiteren drei Jahren zur Welt – die Familie schien komplett zu sein und unsere Umgebung zeigte sich zufrieden. Ich war nicht darauf gefasst gewesen, wie deutlich sich dies änderte, als wir uns schon nach kurzer Zeit ein drittes Kind wünschten. Als ich mit meinen drei Kleinen beim Bäcker stand, sprachen mich wildfremde Leute an: „Wie, sind das *alles* Ihre Kinder? Und alle vom selben Mann!? Das war aber nicht geplant, oder …?" Neben solchem Unverständnis bekam ich oft in einer Mischung aus

Mitleid und Bewunderung zu hören: „Na, da haben Sie ja genügend Arbeit!"

Es ist wohl wahr: Kinder machen Arbeit, mehr von der bisherigen Arbeit und viel neue Arbeit. Aber darin liegt auch ein Geheimnis, denn Kinder verwandeln Arbeit in Spiel. Zum Beispiel die Hausarbeit: Bevor ich Kinder hatte, war das Wäscheaufhängen für mich eine lästige Pflicht. Als die Kinder geboren waren, gab es zwar noch mehr Wäsche, aber dafür bedeutete sie nicht mehr nur Arbeit. Jetzt hörte ich jauchzende Jubelschreie bei jedem Wäschestück, das aus den Tiefen der Waschmaschine zum Vorschein kam („Da ist ja mein Lätzchen!"). Der Wäscheständer konnte zur Höhle werden, von deren Wänden die Socken wie Stalaktiten herabhingen. Und mein Herz hüpfte vor Freude, wenn ich beobachtete, mit welchem Eifer, mit welcher Mühe sich kleine Patschhändchen darum bemühten, ein Stofftaschentuch „so wie Mama" zu falten. Die Hausarbeit wurde um tiefgründige philosophische Fragen bereichert: Wer bin ich, dass dieses kleine Wesen mich vertrauensvoll zu seinem Vorbild nimmt? Und gratis dazu gibt's noch eine Persönlichkeitsschulung: Was kann ich als Perfektionistin lernen, wenn mein Kind das völlig zerknitterte Taschentuch nach minutenlangem Bemühen strahlend zur Seite legt: „Fertig!" Werde ich es noch einmal „richtig" falten? Werde ich das heimlich tun?

Ja, Kinder verwandeln die Arbeit, sie verwandeln das ganze Leben. Allerdings: Das kostet viel Zeit – oder besser: Es „braucht" Zeit (denn Zeit kann man weder kaufen noch bezahlen, und Zeit ist *nicht* Geld). Aber Zeit ist ja genügend da. Schließlich ist ja das ganze Leben eine bestimmte uns geschenkte Zeit und es kommt darauf an, womit wir diese Zeit verbringen, wie wir sie füllen und nutzen.

Mit dem Beispiel vom Wäscheständer sind wir bei
dem *dritten* Geheimnis, das sich hinter dem Buchtitel
„Kinder-Reich" verbirgt: Kinder leben in ihrem eigenen
Reich, und in diesem Reich sind sie die Könige. Für
uns Erwachsene ist dieses Reich nicht ohne Weiteres
zugänglich – aber Kinder sind großzügig und möchten
uns gerne einladen in ihr Königreich. Und wenn wir
dann auch noch die Eltern von diesen Kindern sind (oder
Großeltern oder Tanten oder gute Freunde), dann ist es
möglich, dass sich uns das „Kinder-Reich" erschließt.
Zumal ein jeder von uns selbst einmal Kind war und
dieses *Kind in uns* noch lebendig ist – wenn auch
bisweilen gut versteckt. Wie finden wir den Schlüssel, um
in das Kinder-Reich hineinzugelangen? Die Texte und
Gedanken, die in diesem Buch versammelt sind, wollen
eine Hilfe dazu geben.

Das Kinder-Reich ist wie ein geheimnisvoller,
wunderbarer Garten. Es gibt nur ein Problem: Dieser
Garten ist von einer hohen Mauer umschlossen.
Niemand kann hinüberschauen. Nur wer *innen* in
dem Garten ist, kennt seine Schönheit und kann seine
Früchte genießen. Mir scheint, dass es eines der am
besten gehüteten Geheimnisse ist, wie viel Freude es
macht, Kinder zu haben. Ich jedenfalls wusste nichts
davon, bevor ich selbst Mutter geworden bin. Denn
Kinder haben in Deutschland eine schlechte Presse
(ein Ausdruck der latenten Kinderfeindlichkeit, die
bei uns herrscht). Da ich gerne lese, hatte ich mich mit
Büchern zum Thema Schwangerschaft, Geburt und
Kindererziehung eingedeckt, bevor ich mich auf dieses
Abenteuer einließ – schließlich wollte ich von Anfang an
alles richtig machen. Doch nach der Lektüre war die Lust
auf dieses Abenteuer fürs Erste verflogen. Nun wusste ich
Bescheid über Schwangerschaftsvergiftung und Steiß-

lage, Down-Syndrom, Herzfehler und Schreikinder, über Geschwisterrivalität, Trotzphase und Allergien … Wie wunderbar weich sich die Haare eines Babys anfühlen, wie golden sie im Sonnenlicht glänzen und wie unwiderstehlich sie duften – *davon* hatte mir niemand erzählt. Ich habe es von meinem ersten Kind gelernt, wofür ich ihm unendlich dankbar bin.

Niemals werde ich jenen Moment in der Nacht vergessen, kurz nachdem unser Sohn Jakob geboren worden war. Babygeschrei? Durchwachte Nächte? Ringe unter den Augen? Nichts von alldem haben wir erlebt. Stattdessen hatte dieses Baby einen wunderbaren Frieden mitgebracht; es war wie eingehüllt in einen heiligen Schein aus Gegenwart und Ganzheit, der für das innere Auge sichtbar war. Kein Zweifel: Dieses Kind war nicht nur aus meinem Leib gekommen, sondern es stammte von Gott, und der Glanz der himmlischen Welt haftete noch an ihm. So wie wir einmal, wenn wir sterben, nicht nur in die Erde zurückkehren werden, sondern zugleich in den Himmel, der unsere ewige Heimat ist.

Was also war geschehen in dieser Nacht? Ich bin aufgewacht – nicht von Babygeschrei, sondern vor Sehnsucht, die sich bald steigerte zu einer mächtigen Woge von Liebe, die mich umspülte und ergriff. *Wo ist mein Kind,* das ich vor wenigen Tagen noch in mir getragen habe? Es lag am anderen Ende des Betts, und ich krabbelte dorthin, beugte mich über meinen Sohn – im Vierfüßlerstand, wie ein Säugetier. Dann senkte ich meinen Kopf und – *roch* an ihm … In diesem Moment fühlte ich mich wie eine Löwin, ich war eine Löwenmutter. Ich spürte, dass ich eins war mit den Müttern auf der ganzen Erde, mit allen Menschen und Tieren, die allesamt von Gott erschaffen sind. *In diesem Moment sind meine Instinkte erwacht* – eine überwältigende

Erfahrung, denn bisher hatte ich kaum Zugang zu ihnen gehabt. Für die Probleme, mit deren Lösung ich mich bisher hatte auseinandersetzen müssen (wie etwa die Überprüfung meiner Nebenkostenabrechnung), war der Instinkt nicht gefragt; ich musste sie allein mit der Kraft meiner Vernunft bewältigen. Für die wichtigste Aufgabe im Leben jedoch, nämlich für das Wohl „meiner Jungen" zu sorgen, hat Gott mich mit Intuition ausgestattet. Wenn mein Baby weint, dann brauche ich nur für einen Moment in mich hineinzuhorchen und auf mein Bauchgefühl zu hören, und meistens weiß ich sofort, was ihm fehlt: Ruhe oder Wärme oder Nähe oder Nahrung … Wie ist das möglich? Ich war nicht mehr der gleiche Mensch wie noch ein paar Tage zuvor. *In dem Moment, wo mein erstes Kind geboren wurde, wurde auch ich selbst neu geboren:* Ein Mensch ist zur Welt gekommen, eine Frau ist zur Mutter geworden, ein Mann ist zum Vater geworden – gleich dreifach wunderbar ist die erste Geburt.

Von all dem habe ich vor meiner eigenen Geburt als Mutter nichts geahnt. Nicht nur die Bücher haben es mir verschwiegen – auch durch Beobachtung hat es sich mir nicht erschlossen. Ich konnte einfach nicht hinüberschauen über die hohe Mauer in den Garten vom Kinder-Reich. In den ersten Jahren unserer Ehe bekamen wir regelmäßig Besuch von meiner Schwägerin, die fünf Kinder hatte und schon mit zwanzig Jahren Mutter geworden war. Jedes Mal, wenn die laute Truppe wieder abgereist war, wenn ich die Kekskrümel aus den Sofaritzen hervorgeholt und die Bananenreste vom Teppich gekratzt hatte, sagte ich mit noch größerer Überzeugung zu meinem Mann: „Also, ich will *keine* Kinder haben!" Wenn ich sah, wie andere Eltern bei einem Konzert oder bei einem Gottesdienstbesuch schon nach wenigen Momenten den Raum verlassen mussten, weil ihre Kinder zu unruhig waren, dann dachte ich mir: „Die Armen! Noch nicht mal *einen* Moment haben sie ihre Ruhe. Niemals haben sie Feierabend!" Ich hatte ja keine Ahnung davon, dass es viel schöner ist, mit dem eigenen Kind auf dem Arm an der frischen Luft zu lachen, als etwa einem langweiligen Vortrag zu lauschen. Erst als ich das Kinder-Reich selbst betreten hatte, wusste ich, dass es der schönste Gottesdienst ist, im Nebenraum sein Kind zu stillen: Weder war es langweilig noch verpasste ich dabei irgendetwas Wichtigeres.

Die Bücher haben es verschwiegen … – in diesem Buch soll etwas davon zur Sprache kommen, wie Kinder unser Leben bereichern. Mit Texten aus verschiedenen Jahrhunderten und unterschiedlicher Herkunft „von Luther bis Lindgren". Nicht nur kurze Aphorismen sind hier versammelt, sondern auch längere Passagen, die zum Nachdenken anregen wollen. Für alle, die sich auf die Ankunft eines Kindes vorbereiten oder die in den Herausforderungen des Familienalltags neue Inspiration suchen. Als Geschenk anlässlich der Geburt eines Kindes oder als literarischer Blumenstrauß zum Muttertag – oder einfach als Geschenk für sich selbst. Damit wir uns erinnern an das große Geschenk, das Kinder bedeuten.

Jutta Koslowski

Der Reichtum des Lebens

Siehe, Kinder sind eine Gabe des Herrn
und Leibesfrucht ist ein Geschenk.
Wie Pfeile in der Hand eines Starken,
so sind die Söhne der Jugendzeit.
Wohl dem, der seinen Köcher mit ihnen gefüllt hat!

Psalm 127, 3–4

Du hast meine Nieren bereitet
und hast mich gebildet im Mutterleib.
Ich danke dir dafür, dass ich wunderbar gemacht bin;
wunderbar sind deine Werke; das erkennt meine Seele.
Es war dir mein Gebein nicht verborgen,
als ich im Verborgenen gemacht wurde,
als ich gebildet wurde unten in der Erde.
Deine Augen sahen mich, als ich noch nicht bereitet war,
und alle Tage waren in dein Buch geschrieben,
die noch werden sollten und von denen keiner da war.

Psalm 139, 13–16

Die Sterne der Nacht,
die Blumen des Tages
und die Augen der Kinder –
diese Dinge sind uns
aus dem Paradies geblieben.

Dante Alighieri

Darin liegt das Beglückende an Kindern,
dass mit jedem von ihnen alle Dinge
neu geschaffen werden
und dass das Weltall wieder neu
auf die Probe gestellt wird.

Gilbert Keith Chesterton

Rabbi, warum geht die Welt nicht unter?",
fragte ein Jude seinen Meister.
„Solange noch siebzig Gerechte auf der Erde leben,
wird sie bestehen bleiben",
antwortete der Rabbi.
Diese Menschen, um derentwillen die Welt erhalten wird –
das sind die Kinder.

Aus den Erzählungen der Chassidim

Wenn du ein Kind siehst,
begegnest du Gott auf frischer Tat.

Martin Luther

Ja, du bist es, der mich aus dem Mutterleib gezogen hat.
Auf dich bin ich geworfen von Mutterschoß her,
von meiner Mutter Leib an bist du mein Gott.

Psalm 22, 10-11

geburt

ich wurde nicht gefragt
bei meiner zeugung
und die mich zeugten
wurden auch nicht gefragt
bei ihrer zeugung
niemand wurde gefragt
außer dem Einen

und der sagte
ja

ich wurde nicht gefragt
bei meiner geburt
und die mich gebar
wurde auch nicht gefragt
bei ihrer geburt
niemand wurde gefragt
außer dem Einen

und der sagte
ja

Kurt Marti

Das Reich der Kinder

Die erste Stunde

Solange, wie ich leben mag,
Werd' ich die Stunde und den Tag,
Den Augenblick vor Augen haben,
Da sie dich mir winzig und warm,
Zum ersten Mal in meinen Arm,
Und in mein Herz zu schließen, gaben.
Für einen Augenblick lang war
Mir das Geheimnis offenbar,
Warst du Antwort auf alle Fragen,
Vom Sinn und Widersinn der Welt,
Der Hoffnung, die uns aufrechthält,
Trotz all' der Müh'n, die wir ertragen.

Kein Dutzend Atemzüge alt
Und hattest doch so viel Gewalt
Und alle Macht über mein Leben,
So lang schon deinen Platz darin,
Und du vermochtest, ihm den Sinn
Zu nehmen oder neu zu geben.
Noch nie zuvor im Leben war
Mir unsere Ohnmacht so klar:
Wir können nur hoffen und bangen,
Da stehen wir hilflos herum
Und taugen zu nichts, als nur stumm
Dies Geschenk dankbar zu empfangen.

So hielt ich dich, sie war vollbracht,
Die lange Reise durch die Nacht
Vom hellen Ursprung aller Dinge.
Hab' ich geweint, oder gelacht?
Es war, als ob um uns ganz sacht
Ein Schicksalshauch durchs Zimmer ginge.

Da konnte ich die Welt versteh'n,
Dem Leben in die Karten seh'n
Und war ein Teil der Schöpfungsstunde.
Einmal im Leben sah ich weit
Hin über unsre Winzigkeit,
In die endlose Weltenrunde.

Reinhard Mey

Wo kamst Du her? O Kindlein, sag es mir!
Aus dem Allüberall kam ich ins Hier.
Wie kam das Blau in Deiner Äuglein Bogen?
Vom Himmel, da war ich vorbeigezogen.
Und warum funkelt es in Deinem Blick?
Von Sternen blieb ein Strahl in mir zurück.
Wer hat die helle Träne Dir gebracht?
Ich fand sie, eh ich hier erwacht.
Warum ist Deine Stirn so sanft und schön?
Ich ward gestreichelt im Vorübergehn.
Und Deine Wangen wie ein Rosenblatt?
Ich schaute, was kein Mensch gesehen hat.
Dein selig Lächeln, sag wie kam's hervor?
Drei Engel küssten mich am Himmelstor.
Sag, wer die schimmernd hellen Ohren schuf?
Gott sprach, da hört ich seinen Ruf.
Und Deine Ärmchen, Deine zarte Hand?
Die Liebe ward in mir zur Klammer und zum Band.
Und weißt Du auch, woher die Füßlein stammen?
Vom gleichen Ort, wo Cherubflügel flammen.
Wer gab dies alles Dir zum Angebind?
Es dachte Gott an mich; da ward ich Kind.
Allein – wie kamst Du uns so nah?
Es dachte Gott an Euch. Nun bin ich da!

Verfasser unbekannt

Geboren wird nicht nur das Kind durch die Mutter,
sondern auch die Mutter durch das Kind.

Gertrud von le Fort

Geburt ohne Gewalt

*Der französische Frauenarzt Frédérick Leboyer arbeitete
lange Zeit als Geburtshelfer an einem Krankenhaus in
Paris. Durch Reisen nach Indien erhielt er wesentliche
Anstöße, um ganz neu über Geburt und Mutterschaft
nachzudenken. Dadurch wurde er zum Begründer
einer weltweiten Bewegung für die „sanfte Geburt" und
machte die westliche Welt mit der Kunst der indischen
Babymassage bekannt.*

Mit bemerkenswerter Ruhe und ungeheurem Ernst
entdeckt das Kind sein neues Reich.
Eine intensive Kraft und ein tiefer Frieden gehen von
diesem schweigenden Neugeborenen aus.
Vollkommen wach, aufs Höchste aufmerksam leuchtet es.
Dies ist das königliche Kind, das Gotteskind,
von dem die Schrift sagt:
„Ihr sollt wieder werden wie die Kinder."
Noch besser beschreibt es Lao Tse, wenn er sagt:
„Er, dessen Anmut alle Maßstäbe übersteigt, der Heilige,
der Vollkommene, gleicht dem neugeborenen Kind."
Diese Anmut ist nicht nur Schönheit.
Sie ist Kraft und Leben.
Das strahlt aus diesem schweigenden Kind.
Das Licht leuchtet allen,
die es umgeben
und deren Sinne wach sind,
zu sehen, zu schweigen, zu lauschen.

Frédérick Leboyer

Auf der Suche
nach dem verlorenen Glück

*Die amerikanische Anthropologin Jean Liedloff hat als
junge Frau mehrere Jahre mit den Yequana-Indianern im
Dschungel Venezuelas gelebt. Sie war fasziniert davon, wie
glücklich und friedlich die Menschen in diesem Stamm
zusammenleben, und entdeckte die Ursache dafür im
Umgang der Eltern mit ihren Kindern. Durch ihre Schriften
und Vorträge hat Jean Liedloff dazu beigetragen, dass die
Bedürfnisse von Kindern nach Körperkontakt und Nähe in
der westlichen Welt wieder entdeckt wurden und dass Babys
wieder vermehrt am Körper getragen werden.*

Eltern, bei denen das Sorgen fürs Kind den ganzen
Tag bestimmt, werden sich vermutlich nicht nur
selbst langweilen und auf andere langweilig wirken;
ihre Art von Fürsorge ist wahrscheinlich nicht einmal
sehr gesund. Ein Säugling hat das Bedürfnis, sich mitten
im Leben eines aktiven Menschen zu befinden, bei
ständigem Körperkontakt und angeregt durch sehr viele
Erfahrungen der Art, wie sie später Teil seines Lebens
sein werden. Die Rolle eines Babys, das auf dem Arm
getragen wird, ist passiv, wobei all seine Sinne wachsam
sind. Gelegentlich genießt es direkte Aufmerksamkeit:
Küsse, Kitzeln, In-die-Luft-geworfen-Werden usw.
Doch sein hauptsächliches Geschäft besteht darin, die
Handlungen, Interaktionen und Umgebungen der
Erwachsenen bzw. Kinder, die sich um es kümmern, zu
beobachten. Diese Information bereitet Babys darauf
vor, ihren Platz unter den Menschen ihrer Umgebung
einzunehmen – weil sie verstanden haben, was diese tun.
Wenn man diesen machtvollen Drang stört, indem man
ein Baby gewissermaßen fragend anblickt, wenn man
von ihm fragend angeblickt wird, so schafft man tiefe

Frustration: sein Geist wird blockiert. Seine Erwartung einer starken, beschäftigten Mittelpunktsperson, der gegenüber es Randfigur sein kann, wird durch einen emotional bedürftigen, servilen Menschen, der bei ihm Bestätigung oder Zustimmung sucht, unterminiert. Das Baby wird dann immer mehr Unmutszeichen geben – jedoch nicht, um noch mehr Aufmerksamkeit zu erhalten; es handelt sich dann vielmehr um die Forderung, in erwachsenenzentrierte Erfahrung miteinbezogen zu werden. Viel von der Frustration, die ein solches Baby erkennen lässt, entstammt seiner Unfähigkeit, durch seine Signale, dass etwas nicht stimmt, irgendetwas Stimmendes herbeizuführen.

Jean Liedloff

Sie brachten aber auch die kleinen Kinder zu ihm,
dass er sie anrühre.
Als aber die Jünger es sahen, fuhren sie sie an.
Jesus aber rief sie herbei und sprach:
Lasst die Kinder zu mir kommen und wehrt ihnen nicht,
denn solchen gehört das Reich Gottes.
Wahrlich, ich sage euch:
Wer das Reich Gottes
nicht aufnehmen wird wie ein Kind,
wird nicht hineinkommen.

Lukas 18, 15–17

Dass wir wieder werden wie die Kinder,
ist eine unerfüllbare Forderung.
Aber wir können zu verhüten suchen,
dass die Kinder werden wie wir.

Erich Kästner

Nur wer erwachsen wird und Kind bleibt,
ist ein Mensch.

Erich Kästner

Erst bei den Enkeln ist man dann so weit,
dass man die Kinder ungefähr verstehen kann.

Erich Kästner

Kinder müssen mit Erwachsenen
sehr viel Nachsicht haben.

Antoine de Saint-Exupéry

Kinder sind unsere wirklichen Lehrer.
Lerne wieder, ihnen zuzuhören:
Sie erzählen dir von der Schönheit und Sorglosigkeit,
die du nur im gegenwärtigen Augenblick wiederfindest.

Tibetische Weisheit

Ich konnte schon früh zeichnen wie Raphael,
aber ich habe ein Leben lang dazu gebraucht,
wieder zeichnen zu lernen wie ein Kind.

Pablo Picasso

WOLF

Das kleine Kind hat ein völlig anderes Maß
und ist im wahrsten Sinne des Wortes
noch der Ewigkeit verbunden!
„Weißt", sagte der sechsjährige Martin zu seiner Mutter,
als sie ihn rügt,
weil er wieder nicht pünktlich
vom Spiel zurückgekommen war,
„ich bin halt noch ein bisschen ewig!"

Jirina Prekop

Jedes neugeborene Kind bringt die Botschaft,
dass Gott sein Vertrauen in den Menschen
noch nicht verloren hat.

Rabindranath Tagore

Du, Gott, hast mir Vertrauen eingeflößt
an meiner Mutter Brust.

Psalm 22, 10

Reiche Eltern

Das braucht das Neugeborene.
So müssen wir zu ihm sprechen.
Mit leichten Händen,
die wach und voller Zärtlichkeit sind.
Mit Händen, die sich langsam, ganz langsam
im Rhythmus seines Atems bewegen.
Aber wir eilen voraus.
Lasst uns einmal Schritt für Schritt anschauen,
was wir tun können,
um dem Kind, das in unsere Mitte kommt,
die Angst zu nehmen.

Beginnen wir mit dem Sehen.
Wir brauchen es nur den Liebenden gleichzutun
und das Licht zu löschen.
Würden wir im Scheinwerferlicht miteinander schlafen?

Es genügt vollkommen,
nur so viel Licht zu lassen, wie nötig ist,
um den Damm bei der Geburt des Kopfes zu beobachten
und zu beurteilen, ob es Mutter und Kind gut geht.
Wie viel friedvoller ist das Halbdunkel.
Auch die Mutter kann sich im Dämmerlicht
besser entspannen.
Übrigens: Schließen wir nicht die Augen,
um besser hören und spüren zu können?

Nun das Hören.
Was könnte einfacher sein.
Wir brauchen nur zu schweigen und still zu sein.
Einfach?
Auch das ist schwieriger, als es aussieht.
Auf diese Weise entsteht Frieden im Raum,
und mit ihm die geeignete Atmosphäre,
um das Kind zu empfangen.
Unsere Achtung vor dem Neugeborenen
und seinen empfindsamen Ohren
und unser Bemühen,
es nicht durch lautes Sprechen zu erschrecken.

Wir alle müssen bereit werden,
das Kind vom ersten Augenblick an zu lieben.
Um seiner selbst willen. Nicht um unsertwillen.
Ein Kind ist kein Spielzeug, kein Schmuckstück.
Es ist ein Wesen, das uns anvertraut ist.
Es wäre gut, wenn die Frauen spürten:
„Ich bin *seine* Mutter."
Und nicht:
„Dies ist *mein* Kind."
Dazwischen liegen Welten.
Liegt die Zukunft des Kindes.

Frédérick Leboyer

Als dieses kleine Wesen geboren wurde, machte ich eine überwältigende Erfahrung von Liebe. Mir ist klar, dass dies für viele nach Klischee klingt, manche diesen Mutterimpuls auch ablehnen und deutlich machen, dass sie ihn nicht erlebt haben. Für mich persönlich aber war es tatsächlich ein Durchbruch. Ich habe selten zuvor verstanden, was es bedeutet bereit zu sein, sich selbst völlig hinzugeben für ein anderes Wesen. Dieses Wesen beschützen und für dieses Wesen da sein zu wollen.

Die Geburten meiner Töchter waren die emotional tiefsten Erlebnisse meines Lebens. Mein Verständnis von Hingabe, davon, das Leben zu geben für einen anderen Menschen, wie es die Geschichte vom Sterben Jesu erzählt, hat sich durch die Geburtserfahrung tief gewandelt. Es geht dabei eben nicht nur um ein Opfer, sondern um einen fundamentalen Vorgang von Liebe.

Margot Käßmann

Ein Kind ist
eine sichtbar gewordene Liebe.

Novalis

Die Zeit unmittelbar nach der Geburt ist der Teil des Lebens außerhalb des Mutterleibes, der die nachhaltigsten Eindrücke hinterlässt. Was einem Baby dann begegnet, ist für sein Gefühl das Wesen des Lebens selbst, so wie es sein wird. Die Veränderung gegenüber der uneingeschränkten Gastlichkeit des Mutterleibes ist gewaltig, aber wie wir gesehen haben, wurde es vorbereitet auf den großen Sprung vom Mutterleib zu seinem Platz auf den Armen.

Nicht vorbereitet hingegen ist es auf irgendeinen noch größeren Sprung – geschweige denn auf einen Sprung ins Nichts, in Nicht-Leben, in einen Korb mit Stoff ausgeschlagen oder in ein Plastikkästchen, das sich nicht bewegt, keinen Ton von sich gibt, das weder den Geruch noch das Gefühl von Leben aufweist.

Jedes Nervenende unter seiner erstmals bloßgelegten Haut fiebert der erwarteten Umarmung entgegen; sein ganzes Sein, das Wesen all dessen, was es ist, zielt darauf, dass es auf Armen getragen wird. Jahrmillionen hindurch sind Neugeborene vom Augenblick der Geburt an eng an ihre Mutter gehalten worden. Einige Babys der letzten paar Hundert Generationen mögen dieser überaus wichtigen Erfahrung beraubt worden sein, ohne dass dies jedoch die Erwartung eines jeden Babys verhindert, dass es selbst sich an seinem rechtmäßigen Platz finden werde. Als unsere Vorfahren auf allen Vieren herumliefen und ein Fell zum Festhalten hatten, waren es die Babys, die dafür sorgten, dass die Mutter-Kind-Bindung nicht beeinträchtigt wurde. Ihr Überleben hing davon ab. Als wir haarlos wurden und uns auf die Hinterbeine stellten, wodurch die Mutter die Hände freibekam, wurde es Sache der Mutter, den Zusammenhalt zu sichern. Dass sie seit Kurzem an einigen Orten der Welt ihre Verantwortung für den gegenseitigen Kontakt als freie Entscheidungssache betrachtet, ändert nicht das Geringste daran, dass das Bedürfnis, getragen zu werden, für das Baby stark und eindringlich ist.

Sie selbst wird dadurch eines kostbaren Teils ihrer eigenen „erwarteten" Lebenserfahrung beraubt, durch deren Genuss sie ermutigt worden wäre, sich weiterhin so zu verhalten, wie es sowohl für sie als auch für das Baby am lohnendsten ist.

* * *

Die Kontinuumkinder werden von Geburt an überallhin mitgenommen. Noch ehe die Nabelschnur abgefallen ist, ist das Leben des Säuglings bereits voller Anregungen. Meist schläft er, doch schon im Schlaf gewöhnt er sich an die Stimmen seiner Angehörigen, an die Geräusche, die mit ihren Handlungen verbunden sind.

Wird ein Baby überwiegend von jemandem getragen, der nur still dasitzt, so wird ihm dies nicht helfen zu lernen, wie Leben und Aktion beschaffen sind, obwohl es sicherlich negative Gefühle von Verlassen- und Getrenntsein und viel von der schlimmsten Qual ungestillten Verlangens von ihm fernhält. Die Tatsache, das Babys die Menschen aktiv auffordern, sie zu erregen, zeigt, dass sie Aktion zum Zwecke ihrer Entwicklung erwarten und benötigen. Eine still dasitzende Mutter wird ihr Baby durch Gewohnheit dazu bringen, das Leben als langweilig und langsam zu betrachten; dies führt zu Unruhe in ihm und häufigen Versuchen seinerseits, mehr Anreize aus ihr hervorzulocken. Es wird auf- und niederhüpfen, um zu zeigen, was es will, oder mit den Armen umherfuchteln, um ihre Handlungen zu beschleunigen.

* * *

Das Bedürfnis nach Körperkontakt nimmt, wenn
das entsprechende Erwartungskontingent erfüllt
worden ist, rasch ab, und normalerweise verlangt
ein Baby, Krabbelkind, Kleinkind oder Erwachsener
nur in Augenblicken von Stress, den es mit seinen
gegenwärtigen Kräften nicht bewältigen kann, nach
Unterstützung seiner so erlangten Fähigkeiten. Diese
Augenblicke werden zunehmend seltener und das
Selbstvertrauen nimmt so rapide an Tiefe und Umfang
zu, dass es jedem, der nur Kinder der Zivilisation kennt,
welche der vollständigen Erfahrung des Getragenwerdens
beraubt sind, erstaunlich vorkommen muss.

* * *

Bei den Yequana ist die Haltung der Mutter bzw.
Pflegeperson eines Babys entspannt. Gewöhnlich ist sie
mit etwas anderem als Sich-um-das-Baby-Kümmern
beschäftigt, aber jederzeit empfänglich für einen Besuch
des krabbelnden oder kriechenden Abenteurers. Sie hört
nicht auf mit Kochen oder anderer Arbeit, es sei denn,
ihre volle Aufmerksamkeit wird erfordert. Sie öffnet dem
kleinen Sucher nach Rückversicherung nicht ihre Arme,
sondern erlaubt ihm in ihrer ruhigen, beschäftigten Art,
von ihrer Person Gebrauch zu machen, oder gewährt
ihm, wenn sie gerade umherläuft, einen durch einen Arm
gestützten Ritt auf ihrer Hüfte.

*Sie initiiert Kontakte nicht, noch trägt sie – außer auf
passive Art – zu ihnen bei.* Das Baby selbst sucht sie
auf und zeigt ihr durch sein Verhalten, was es will.
Seine Wünsche erfüllt sie vollständig und bereitwillig,
aber sie fügt nichts hinzu. In ihrem gesamten Verkehr

miteinander ist es der aktive, sie der passive Teil; es kommt zu ihr zum Schlafen, wenn es müde, und zum Gefüttertwerden, wenn es hungrig ist. Seine Erforschungen der weiten Welt erhalten durch seinen Rückgriff auf sie und seine Gewissheit ihres steten Daseins, während es fort ist, Gegengewicht und Bestärkung.

Weder fordert es noch erhält es ihre volle Aufmerksamkeit, denn es hat keine angestauten Sehnsüchte, keine uralten Hungergefühle, die an seiner Hingabe an das Hier und Jetzt nagen könnten. In Übereinstimmung mit der Ökonomie der Natur verlangt es nicht mehr als es braucht.

Jean Liedloff

Reichlich Familienleben

JENS WOLF 2013

Nie weiß der Vater oder die Mutter, wann das Spiel beginnt. Das Kind hört die Schritte des Vaters an der Tür. Es verbirgt den Kopf in der Matratze seines Bettchens. So liegt es, bebend und kichernd. Obwohl sein Kichern es verrät, glaubt es sich versteckt. Der Vater sucht in Schubladen und unter Tischen, wobei er sich laut fragt, wo denn das Baby bloß stecken mag. Den Schelm in den Augen, späht das Kind hervor und wartet auf das magische „Da ist es", bevor es aufspringt und in Lachen ausbricht.

* * *

„Fang mich!", sagen die funkelnden Augen des Babys, die erhobene Hand, die Knie auf dem Fußboden, der ganze angespannte Körper. Ohne einen Augenblick zu zögern, nimmt die Mutter die Haltung des Fängers ein. Langsam und rhythmisch sagt sie den vertrauten Satz her: „Jetzt fang ich dich!" Das Baby lacht und lacht, und fort ist es. Die schweren Schritte, die es hinter sich hört, lassen auf einen gewaltigen und außerordentlich schnellen Babyfänger schließen. Doch so bedrohlich die Schritte sind, nie holen sie das krabbelnde Baby ein. Dies kann nicht an sein Glück glauben. Es hält inne, setzt sich auf und sieht zurück, ob die Mutter die wilde Verfolgung auch fortsetzt. Die Mutter bleibt ebenfalls stehen und unterbricht die Verfolgung einen Augenblick lang. „Jetzt fang ich dich!" Bebend vor Aufregung krabbelt das Baby weiter. So wild stürzt es jetzt vorwärts, dass es gelegentlich ausgleitet und aufs Gesicht fällt. Trotzdem macht es weiter, wobei es sich von Zeit zu Zeit umsieht, bis das Rennen gewonnen ist. Die Ziellinie ist dort, wo immer das Baby findet, es habe genug. Am Ende hat es das Rennen – wie immer – gewonnen. Mit einem triumphierenden Lachen wendet sich das Baby der Mutter zu. Streckt die Arme aus, sodass es von dem gefährlichen Babyfänger gepackt und geherzt werden kann.

Louise J. Kaplan

Keine ruhige Minute

Was habe ich in all den Jahren
Ohne dich eigentlich gemacht,
Als Tage noch tagelang waren,
Wie hab' ich sie nur rumgebracht?
Ohne Spielzeug zu reparieren,
Ohne den Schreck, der Nerven zehrt,
Ohne mit dir auf allen vieren
Durchs Haus zu traben als dein Pferd?

Keine ruhige Minute
ist seitdem mehr für mich drin.
Und das geht so, wie ich vermute,
bis ich hundert Jahre bin!

Du machst dich heut' in meinem Leben
So breit, dass ich vergessen hab',
Was hat es eigentlich gegeben,
Damals, als es dich noch nicht gab?
Damals glaubt' ich alles zu wissen,
Bis du mir die Gewissheit nahmst.
Nie glaubt' ich etwas zu vermissen,
Bis zu dem Tag, an dem du kamst!

Das Haus fing doch erst an zu leben,
Seit dein Krakeelen es durchdringt,
Seit Türen knall'n und Flure beben
Und jemand drin „Laterne" singt.
Früher hab' ich alter Banause
Möbel verrückt, verstellt, gedreht.
Ein Haus wird doch erst ein Zuhause,
Wenn eine Wiege darin steht!

Tiefen und Höh'n hab' ich ermessen,
Ängste und Glück war'n reich beschert.
Das war ein leises Vorspiel dessen,
Was ich mit dir erleben werd'!
Denn du kommst und gibst allen Dingen
Eine ganz neue Dimension,
Und was uns nun die Jahre bringen,
Mess' ich an dir, kleine Person!

Reinhard Mey

Kinder

Sind so kleine Hände
winzge Finger dran.
Darf man nie drauf schlagen
die zerbrechen dann.

Sind so kleine Füße
mit so kleinen Zehn.
Darf man nie drauf treten
könn sie sonst nicht gehn.

Sind so kleine Ohren
scharf, und ihr erlaubt.
Darf man nie zerbrüllen
werden davon taub.

Sind so schöne Münder
sprechen alles aus.
Darf man nie verbieten
kommt sonst nichts mehr raus.

Sind so klare Augen
die noch alles sehn.
Darf man nie verbinden
könn sie nichts verstehn.

Sind so kleine Seelen
offen und ganz frei.
Darf man niemals quälen
gehn kaputt dabei.

Ist son kleines Rückgrat
sieht man fast noch nicht.
Darf man niemals beugen
weil es sonst zerbricht.

Grade, klare Menschen
wärn ein schönes Ziel.
Leute ohne Rückgrat
habn wir schon zuviel.

Bettina Wegner

Ehe ich Mutter wurde,
hatte ich Hunderte von Theorien,
wie ich meine Kinder erziehen wollte.
Nun habe ich sieben Kinder und nur noch eine Theorie:
Liebe sie –
vor allem dann,
wenn sie es am wenigsten zu verdienen scheinen.

Kate Samperi

Nie dürfen wir vergessen,
dass das Kind gehorchen möchte
und dass es liebt.
Das Kind liebt den Erwachsenen über alles,
während wir für gewöhnlich sagen:
„Wie doch die Eltern das Kind lieben!"

Wer wirklich liebt, ist das Kind,
das den Erwachsenen bei sich haben will
und immer wieder seine Aufmerksamkeit
auf sich zu ziehen versucht:
„Sieh mich an, bleib bei mir!"

Abends, wenn es zu Bett geht,
ruft das Kind den geliebten Menschen zu sich
und will nicht dulden, dass er es verlasse.
Wenn wir uns zu Tisch setzen,
will bereits der Säugling mit uns kommen,
nicht um gleichfalls zu essen,
sondern um uns zuzusehen und uns nahe zu sein.
Wir wehren diese Liebe ab
und werden doch nimmer ihresgleichen finden.

Maria Montessori

Glück mit Kindern

*Florian Langenscheidt hat das Familienleben mit seinen
drei Kindern und seiner Frau Rebecca anschaulich und
einfühlsam beschrieben. Dabei hat er sich nicht davor ge-
scheut, von den großen Gefühlen zu reden und den Traum
von der heilen Familie als das wahre Lebensglück zu
bezeichnen.*

Herrlich! Samstagnachmittag, keine Verpflichtungen,
nasskalt draußen, Robin bester Laune. Was kann
man ihm (und mir) Besseres antun als ein gemütliches
gemeinsames Bad? Er liebt Wasser, er liebt Wärme, er
liebt Nähe und ungeteilte Aufmerksamkeit.

Also Wasser einlassen, drei Kerzen auf den Waschtisch
– und der kleine Kerl auf meinem Arm zappelt schon
vor Vorfreude. Ich lege ihn auf die Wickelkommode und
knöpfe seinen Strampelanzug auf. Er birst vor Energie
und Lust an der Bewegung. Seine Ärmchen mit den
süßen Fettfältchen kann er schon nicht mehr im Zaum
halten; in dem Moment aber, wo seine Beine frei sind,
explodiert er förmlich. Er winkt und strampelt, dehnt
und krümmt sich, dass ich ihn kaum halten kann auf
der kleinen Plattform. Seine blitzeblauen Augen strahlen
mich an, sein Lachen ist ein Tor zur Seele. Ich streichle
seine wenigen, in alle Richtungen davonstrebenden Haare
und flüstere ihm unbedachte Worte der Zärtlichkeit
und Liebe ins Ohr. Doch er dreht und wendet sich mit
solcher Kraft, dass nur Prusteküsse auf seinen Bauch und
Versteckspiele hinter seinen Füßen die Zeit bis zur vollen
Badewanne überbrücken können.

Im Bad quietscht er auf. Seine Beinchen scheinen
den Raum zwischen ihm und dem warmen Wasser

durchlaufen zu wollen. Ich steige in die Wanne und lasse Robin Zentimeter um Zentimeter in den Schaum gleiten. Ein kleines Beben erfasst seinen Körper, eines der Erwartung und Entspannung zugleich. Genussvoll streckt er sich in die Wärme hinein, ins Bekannte und Ungeahnte, Urvertraute und Abenteuer gleichermaßen.

Und nun geht es los. Er schlägt wie Blitz und Gewitter auf Schaum und Wasser, er nimmt große Schaumklumpen und verteilt sie als Gletscher auf meinem Haar, er versucht, Schaumfetzen wegzublasen in den Weltraum hinein, er durchmisst mit seiner roten Plastikente bedrohlich unbekannte Gewässer und erforscht mit seinem weiß-blau-gelben Plastikboot das ewige Dunkel der Seeschlangen und Tintenfische. Er wagt sich vor und zieht sich zurück, er geht aufs Ganze und beobachtet still an seinen Vater geschmiegt.

Rebecca meint, wir sollten mal rauskommen. Ich habe jedes Zeitgefühl verloren und stecke gerade in zwei Waschlappen, die als Wale Robins Beine umkreisen. Er kreischt auf, wenn sie an ihm knabbern, und kann sich vor Vergnügen kaum halten, wenn sie ihre Fontänen in die Luft schleudern. Also gut, wir werden uns rausreißen aus der Welt der wogenden Wellen und schäumenden Gischt. Nur saubermachen muss er noch dürfen – eine seiner Leidenschaften, deren Begründung ich vergebens in meinem Verhalten suche. Er nimmt sich einen der beiden Lappen und putzt penibel die Armaturen und alle erreichbaren Kacheln.

Nach fünf Minuten reiche ich das nasse Bündel trotz lautem Protestgeschrei Rebecca. Wie dankbar ich bin, dass ich jetzt nicht Robin und mich gleichzeitig abtrocknen muss, dass wir zu zweit da sind für den kleinen Mann (und seine denkbaren Geschwister)! Zum ersten Mal während des langen sonnabendlichen Bades (die Kerzen sind ein gutes Stück heruntergebrannt) kann ich mich richtig ausstrecken. Mein Rücken ist verkrampft, meine Haut verschrumpelt, mein linker Arm fast lahm. Und doch: Ein schöneres Bad als das gerade eben kann ich mir kaum vorstellen. Sollte ich mir Sorgen um mich machen?

∗ ∗ ∗

„Was war denn das?", frage ich dezent aus der Tiefe der Küche heraus. „Lilly. Sie hat das Nutellaglas fallen lassen." „Ah, ja", versuche ich ruhig zu bleiben. Sie wollte ja nur Gutes zum Großprojekt des Morgens beitragen: Muttertag. Alle drei Kinder (und ich als Oberkoordinator) stehen in der Küche und arbeiten an dem perfektesten aller Frühstücke. Das wird jetzt durch die Aufräumarbeiten an der mit Glassplittern durchsetzten Schokocreme allerdings ein wenig verzögert, aber wir bewältigen den Zwischenfall mit Würde, auch wenn es ein wenig schwierig ist, Harry vom Probieren der Nutella abzuhalten. Was soll man Lilly mit ihren knapp zwei Jahren schon vorwerfen? Sie wollte das Glas auf das Tablett stellen und stolperte dabei über einen Actionman von Robin.

Die Brötchen sind längst fertig und wir haben einen Riesenspaß. „Wir haben die Eier vergessen! Soll ich Robins Spezialeier machen?", fragt mein großer Sohn, total mit Orangenfasern und Nutella beschmiert. „Jaa, jaa", jubelt Lilly, weil sie sich einiges Chaos davon verspricht. „Klar, mach los", unterstreiche ich eine ohnehin schon längst von den dreien gefällte Entscheidung. Pfanne auf den Herd, viel zu viel Butter hinein, der übliche Fehlschlag bei dem Versuch, Eigelb und Eiweiß beim Aufschlagen getrennt zu halten, Worcestersoße und Ketchup hinein: Das sind Robins Spezialeier. Wir alle lieben sie.

„Wo ist eigentlich Mami?", fragt Harry plötzlich voller Sehnsucht. „Im Bett, du Vollidiot", antwortet ihm höflichst Robin. „Mami, Mami", quengelt auch Lilly aus ihrem Versteck hinter dem Vorhang her. „Gut, dass wir sie haben, oder?", versuche ich zu verallgemeinern und damit die drei Minuten herauszuschinden, die Robin noch brauchen wird für seine Eier. „Müssen bei einer Scheidung wirklich die Kinder sagen, zu wem sie wollen, zu Mami oder Papi?", greift Robin mein Statement intelligent auf. „Ja, leider, weil die Eltern ja nicht mehr zusammen wohnen wollen." „Aber das ist doch so, wie wenn du dich zwischen uns dreien entscheiden müsstest, wen du nimmst! Das kann man doch gar nicht richtig, oder könntest du das?", verblüfft mich Robin, während er in der Pfanne rührt.

Er hat absolut recht, eigentlich geht das gar nicht. Was wären wir ohne Rebecca? Ein kleiner Haufen chaotischer Abenteurer, ein verlorener Trupp von Kämpfern gegen Ordnung und Vernunft. Die innere Mitte würde uns fehlen, Sinn, Proportion und Zusammenhalt. Der Spaß würde uns bald vergehen, wir wären Ausgestoßene, die an Lagerfeuern und auf Pferderücken von Wärme und Geborgenheit träumten. Und davon, dass uns jemand mit zärtlichen Worten im Bett zudeckt.

Es ist so unendlich wichtig, dass Vater und Mutter da sind, Innen und Außen, Mann und Frau, Weichheit und Stärke, Risiko und Trost, Ekstase und Meditation, Geborgenheit und Abenteuer. Und noch schöner und spielerischer ist alles geworden, seitdem die Verhaltensweisen nicht mehr starr festgelegt sind.

Rebecca tut auf schöne Weise so, als würde sie noch schlafen. Da kommt Harry vorsichtig zurück und hat wahrhaftig noch Kaffee in der Tasse. Behutsam stellt er sie auf Rebeccas Nachttisch. Sie räkelt sich wohlig und ihr erster Blick fällt auf die Kaffeetasse. „Meine Lieblingstasse!" Sie sieht uns alle erwartungsfroh um sich herumstehen und registriert Schritt für Schritt Blumen, Brötchen, Eier und Frühstückstablett. Harry hält sie Spannung nicht mehr aus und fängt an, auf dem Bett Trampolin zu springen. „Was ist denn los? Ist heute Muttertag?" „Nein, aber wir haben gestern alle zusammen beschlossen, dir heute mal einen zu machen!" Vier Küsse – und endlich können wir uns an die erkaltenden Eier mit den zu hart gewordenen Brötchen machen.

Florian Langenscheidt

Wertvoll und würdevoll

WOLF 2013

Wir können die Kinder
nach unserem Sinne nicht formen.
So wie Gott sie uns gab,
so muss man sie haben und lieben,
sie erziehen aufs Beste
und jeglichen lassen gewähren.

Johann Wolfgang von Goethe

Eure Kinder sind nicht eure Kinder.
Sie sind die Söhne und Töchter der Sehnsucht
des Lebens nach sich selber.
Sie kommen durch euch, aber nicht von euch.
Und obwohl sie mit euch sind,
gehören sie euch doch nicht.
Ihr dürft ihnen eure Liebe geben,
aber nicht eure Gedanken.
Denn sie haben ihre eigenen Gedanken.
Ihr dürft ihren Körpern ein Haus geben,
aber nicht ihren Seelen.
Denn ihre Seelen wohnen im Haus von morgen,
das ihr nicht besuchen könnt,
nicht einmal in euren Träumen.
Ihr dürft euch bemühen, wie sie zu sein,
aber versucht nicht, sie euch ähnlich zu machen.
Denn das Leben läuft nicht rückwärts,
noch verweilt es im Gestern.
Ihr seid die Bogen, von denen eure Kinder
als lebendige Pfeile ausgeschickt werden.
Der Schütze sieht das Ziel
auf dem Pfad der Unendlichkeit
und er spannt euch mit seiner Macht,
damit seine Pfeile schnell und weit fliegen.
Lasst euren Bogen von der Hand des Schützen
auf Freude gerichtet sein.
Denn so wie er den Pfeil liebt, der fliegt,
so liebt er auch den Bogen, der fest ist.

Khalil Gibran

Solange deine Kinder klein sind,
gib ihnen Wurzeln.
Wenn deine Kinder größer werden,
gib ihnen Flügel.

Verfasser unbekannt

Kinder sind Gäste, die nach dem Weg fragen.
Es gilt, den Gästen einen guten Ort anzubieten
und ihnen so lange Sicherheit und liebevollen Halt zu geben,
bis sie ihren Weg selber gehen können.

Jirina Prekop

Mit einer Kindheit voller Liebe
kann man ein halbes Leben hindurch
für die kalte Welt haushalten.

Jean Paul

Theorie und Praxis
der antiautoritären Erziehung

Der Pädagoge Alexander Sutherland Neill gilt als Wegbereiter der antiautoritären Erziehung. Im Jahr 1921 gründete er in England das revolutionäre Internat Summerhill, in dem Hunderte von Jungen und Mädchen, die als „Schulversager" zu ihm geschickt wurden, nach den Prinzipien von Freiheit und Selbstverantwortung erzogen wurden.

Wie geht es nun in Summerhill zu? Nun, die Teilnahme am Unterricht ist freiwillig. Die Kinder können zum Unterricht gehen, sie dürfen aber auch wegbleiben – sogar jahrelang, wenn sie wollen. Es *gibt* einen Stundenplan – aber nur für die Lehrer.

Gewöhnlich richtet sich der Unterricht nach dem Alter der Kinder; manchmal aber auch nach ihren besonderen Interessen. Wir haben keine neuartigen Lehrmethoden; wir sind der Ansicht, dass der Unterricht an sich keine große Rolle spielt. Ob eine Schule eine besondere Methode hat, Kindern die ungekürzte Division beizubringen, ist völlig unwichtig, weil die ungekürzte Division – außer für die, die sie lernen wollen – selber ganz unwichtig ist. Ein Kind, dass sie lernen *will*, lernt sie jedenfalls – gleichgültig, nach welcher Methode sie gelehrt wird.

* * *

Trotzdem wird in Summerhill viel gelernt. Eine Gruppe unserer Zwölfjährigen kann vielleicht in Orthographie, Handschrift oder Bruchrechnen nicht mit einer gleich-

altrigen Klasse einer anderen Schule konkurrieren.
In einer Prüfung dagegen, bei der es auf Originalität
ankommt, würden sie die anderen haushoch schlagen.

* * *

Summerhill hat wahrscheinlich die glücklichsten Schüler
der Welt. Bummelanten gibt es bei uns nicht, und auch
Heimweh kommt nur selten vor. Kämpfe ereignen sich
nur ganz gelegentlich; Streite gibt es natürlich, aber
regelrechte Keilereien, wie wir sie als Jungen ausfochten,
habe ich in Summerhill nur selten gesehen. Ich höre
selten ein Kind weinen; denn in freien Kindern staut
sich nicht so viel Hass an, wie bei Kindern, die unter
der Knute stehen. Hass erzeugt Hass, und Liebe erzeugt
Liebe. Kinder, die geliebt werden, fühlen sich anerkannt,
und das ist in jeder Schule sehr wichtig. Wenn man
Kinder straft und ausschimpft, dann kann man nicht auf
ihrer Seite sein. Summerhill ist eine Schule, in der die
Kinder sich anerkannt fühlen.

* * *

In Summerhill gilt gleiches Recht für alle. Niemand darf
sich auf den Konzertflügel stellen, und ich kann auch
nicht einfach das Fahrrad eines Jungen benutzen, ohne
ihn um Erlaubnis zu bitten. In einer Schulversammlung
hat die Stimme eines sechsjährigen Kindes ebenso viel
Gewicht wie meine.

Die Neunmalklugen werden nun sagen, in der Praxis
zählten ja doch nur die Stimmen der Erwachsenen.
„Ehe das sechsjährige Kind seine Hand hebt, wartet es
doch bestimmt erst einmal ab, wie Sie stimmen." Ich
wollte, es wäre so; denn zu viele von meinen Vorschlägen

werden abgelehnt. Freie Kinder lassen sich nicht so leicht beeinflussen. Sie haben eben keine Angst. Und das ist das Beste, was man einem Kind wünschen kann.

Unsere Kinder haben keine Angst vor den Lehrern. Eine unserer Schulvorschriften besagt, dass abends nach zehn auf dem Korridor im Obergeschoss Ruhe herrschen soll. Eines Abends, um elf herum, hörte ich von oben den Lärm einer Kissenschlacht. Ich hatte zu schreiben und wollte Ruhe haben. Also ging ich nach oben, um zu protestieren. Als ich noch auf der Treppe war, hörte ich eilig davontrippelnde Füße. Im Nu war der Flur leer und es herrschte wieder Ruhe. Plötzlich sagte in die Stille eine enttäuschte Stimme: „Och, das ist ja bloß der Neill", und schon ging der Lärm wieder los. Als ich aber dann sagte, ich sei damit beschäftigt, ein Buch zu schreiben, zeigten die Kinder Verständnis und versprachen, leise zu sein. Sie waren vom Korridor in dem Glauben weggelaufen, der Aufsicht führende Schüler (ein Gleichaltriger) sei ihnen auf den Fersen.

Alexander Sutherland Neill

Niemals Gewalt!

Aus der Rede anlässlich der Verleihung des
Friedenspreises des Deutschen Buchhandels, 1978

Die Schwedin Astrid Lindgren wurde zur Kinderbuch-
autorin, als sie im Winter 1941 am Krankenbett ihrer
Tochter Karin die Geschichten von „Pippi Langstrumpf"
erfand. Das Manuskript zu diesem Buch wurde zunächst
vom Verlag abgelehnt, später begründete es ihren Welt-
erfolg. Astrid Lindgren vermag sich in die Seele von
Kindern einzufühlen und zeichnet ihre Romanfiguren
als kindliche Helden, die mutig und frech die Welt der
Erwachsenen infrage stellen.

Jenen aber, die jetzt so vernehmlich nach härterer
Zucht und strafferen Zügeln rufen, möchte ich das
erzählen, was mir einmal eine alte Dame berichtet hat.
Sie war eine junge Mutter zu der Zeit, als man noch an
diesen Bibelspruch glaubte, dieses „Wer die Rute schont,
verdirbt den Knaben".

Im Grunde ihres Herzens glaubte sie wohl gar nicht
daran, aber eines Tages hatte ihr kleiner Sohn etwas
getan, wofür er ihrer Meinung nach eine Tracht Prügel
verdient hatte, die erste in seinem Leben. Sie trug ihm
auf, in den Garten zu gehen und selber nach einem
Stock zu suchen, den er ihr dann bringen sollte. Der
kleine Junge ging und blieb lange fort. Schließlich kam er
weinend zurück und sagte: „Ich habe keinen Stock finden
können, aber hier hast du einen Stein, den kannst du ja
nach mir werfen."

Da aber fing auch die Mutter an zu weinen, denn
plötzlich sah sie alles mit den Augen des Kindes. Das

Kind musste gedacht haben, „Meine Mutter will mir wirklich weh tun, und das kann sie ja auch mit einem Stein."

Sie nahm ihren kleinen Sohn in die Arme, und beide weinten eine Weile gemeinsam. Dann legte sie den Stein auf ein Bord in der Küche, und dort blieb er liegen als ständige Mahnung an das Versprechen, das sie sich in dieser Stunde selber gegeben hatte: „NIEMALS GEWALT!"

Ja, aber wenn wir unsere Kinder nun ohne Gewalt und ohne irgendwelche straffen Zügel erziehen, entsteht dadurch schon ein neues Menschengeschlecht, das in ewigem Frieden lebt? Etwas so Einfältiges kann sich wohl nur ein Kinderbuchautor erhoffen! Ich weiß, dass es eine Utopie ist. Und ganz gewiss gibt es in unserer armen, kranken Welt noch sehr viel anderes, das gleichfalls geändert werden muss, soll es Frieden geben. Aber in dieser unserer Gegenwart gibt es – selbst ohne Krieg – so unfassbar viel Grausamkeit, Gewalt und Unterdrückung auf Erden, und das bleibt den Kindern keineswegs verborgen. Sie sehen und hören und lesen es täglich, und schließlich glauben sie gar, Gewalt sei ein natürlicher Zustand.

Müssen wir ihnen dann nicht wenigstens daheim durch unser Beispiel zeigen, dass es eine andere Art zu leben gibt? Vielleicht wäre es gut, wenn wir alle einen kleinen Stein auf das Küchenbord legten als Mahnung für uns und für die Kinder: NIEMALS GEWALT! Es könnte trotz allem mit der Zeit ein winziger Beitrag sein zum Frieden in der Welt.

Astrid Lindgren

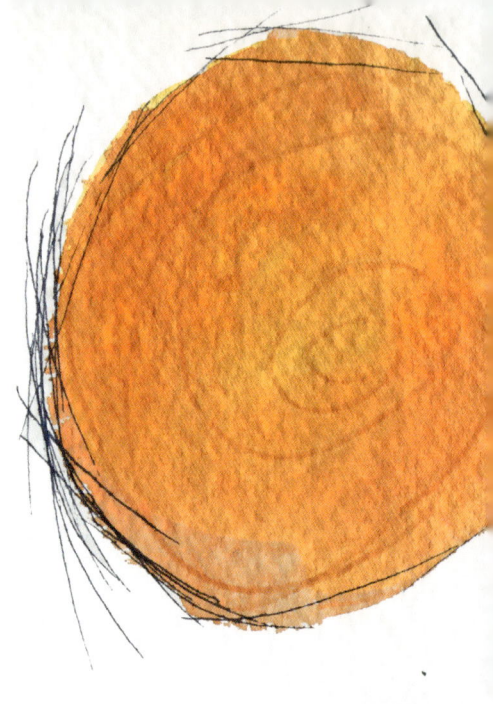

Nachwort

DICKHÄUTER UNTER GELBER SONNE

Entwurf einer Spiritualität der Elternschaft

Gibt es so etwas wie eine *Spiritualität der Elternschaft?*
Ja, ich glaube, die gibt es – nur ist sie bisher noch kaum
beschrieben worden. Dieses Nachwort versteht sich als
ein Impuls dazu. Die Grundzüge dieser Spiritualität
stelle ich mir so vor: In der Bibel gibt es das sogenannte
„Doppelgebot der Liebe": Du sollst Gott lieben von
ganzem Herzen; und: Liebe deinen Nächsten wie
dich selbst. „In diesen beiden Geboten ist das ganze
Gesetz und die Propheten zusammengefasst", sagt
Jesus (Matthäus 22, 40). „Das Gesetz", das sind die
613 Gebote, die für gläubige Juden maßgeblich sind.
Die wichtigsten von diesen wiederum sind die „Zehn
Gebote" (Exodus 20, 1–17). All diesen Geboten voraus
geht jedoch *das eine Gebot, das Ur-Gebot,* welches
dem Menschen noch vor der „Vertreibung aus dem
Paradies" gegeben worden ist. Im Unterschied zu allen
späteren Geboten stellt es deshalb keine Anpassung
an die „gefallene Schöpfung" dar, sondern den
eigentlichen Willen Gottes. (Theologisch gesprochen
gehört es also nicht der „Erlösungsordnung" der Welt
an, sondern der „Schöpfungsordnung"; es hat eine
größere Ursprünglichkeit.) Welches ist dieses Ur-Gebot?
„Seid fruchtbar und vermehrt euch und füllt die Erde"
(Genesis 1, 28) hat Gott den Menschen aufgetragen,
nachdem er sie geschaffen und gesegnet hat. Die
Menschen waren jedoch nicht die Ersten, die dieses Ur-
Gebot zu hören bekamen; zuvor schon hatte Gott genau
das Gleiche zu den Tieren gesagt (Genesis 1, 22). Das
bedeutet aber: Mensch und Tier, die ganze Schöpfung ist
vereint in diesem Urbestreben, das Leben fortzuzeugen
– und damit ein wahres Abbild von Gottes Schöpferkraft
zu sein (vgl. Genesis 1, 27). Genau so lehrt es auch die

Biologie, welche die Fortpflanzung als eines der fünf Kennzeichen des Lebens bezeichnet – *allem* Leben ist dies gemeinsam. Durch den biblischen Schöpfungsbericht wird der Mensch gerade nicht herausgehoben über die anderen Kreaturen, wie es in der Geschichte der Kirche über Jahrhunderte verhängnisvoll gelehrt worden ist. Sondern der Mensch wird in Beziehung gesetzt zu seinen Mitgeschöpfen. Was hat dies mit der Spiritualität der Elternschaft zu tun? *Mutterschaf und Löwenmutter* – sie sind meine Schwestern!

Noch etwas ganz Grundlegendes wird im Schöpfungsbericht gesagt (so wie überhaupt jedes Wort auf den ersten Seiten der Bibel auf die Goldwaage gehört): „Gott schuf den Menschen nach seinem Bild, nach dem Bild Gottes schuf er ihn, als Mann und Frau schuf er sie." (Genesis 1, 27) Zum einen wird hier von der *Gottebenbildlichkeit des Menschen* gesprochen – die Grundlage unserer Menschenrechte. Zum anderen von der *Polarität von Mann und Frau* – etwas, das heute in Vergessenheit zu geraten droht. Hier ist nicht die Rede davon, dass Gott die Menschen als arm und reich geschaffen hätte oder als schwarz und weiß, als klug und dumm … All diese Unterschiede zwischen den Menschen sind nicht ursprünglich – außer dem *einen*: dem Unterschied zwischen Frau und Mann. Es *gibt* diesen Unterschied – wie auch immer man die schwierigen Fragen nach „angeboren" und „anerzogen" im Einzelnen beantworten mag. Und erst *gemeinsam*, in ihrer Bezogenheit aufeinander, können Mann und Frau die Wirklichkeit Gottes abbilden.

Wie können sie das tun? Indem sie sich *vereinen*. Denn *Mann und Frau gemeinsam sind Gottes Ebenbild*. Diese Vereinigung findet ihren Höhepunkt in der Sexualität. Die Spiritualität der Elternschaft hat etwas mit Sexualität zu tun. Um eine Spiritualität der Elternschaft zu entwickeln, ist es notwendig, die *Spiritualität der Sexualität* zu entdecken. Dafür reicht es bei Weitem nicht aus, die jahrhunderte-, ja jahrtausendealte Leibfeindlichkeit zu überwinden, welche über die platonische Philosophie in das Christentum eingewandert ist und im Abendland verheerendes Unheil angerichtet hat. Genau genommen geht es darum, die drei Pole *Sexualität* (Frau und Mann sein) – *Elternschaft* (Mutter und Vater sein) – *Spiritualität* wieder in Beziehung zueinander zu bringen. Denn sie gehören zutiefst zusammen. Man muss es heute, ein halbes Jahrhundert nachdem „die Pille" zum Massenverhütungsmittel geworden ist, in Erinnerung rufen: *Sexualität hat etwas mit Fortpflanzung zu tun.* Sie bedeutet Generativität, Produktivität – und sie ist der vorzüglichste, dem Menschen mögliche Ausdruck von Gottes Schöpferkraft. Tatsächlich wird in *jedem* kreativen Akt etwas von Gottes Schöpferkraft abgebildet, zum Beispiel wenn Menschen ein Kunstwerk wie den Kölner Dom erschaffen oder wenn zur Verfeinerung eines Desserts eine neue Zutat probiert wird. Doch ist es der höchste Ausdruck von Kreativität und von Gottebenbildlichkeit, wenn der Mensch neues *Leben* hervorbringt.

Gott ist der Schöpfer allen Lebens. Wir als Gottes Geschöpfe sind sein Ebenbild. Das bedeutet: Auch wir können Leben schaffen und *als Geschöpfe zugleich schöpferisch werden.* Dass der Mensch von Gott dazu befähigt ist, neues Leben zu zeugen, ist seine höchste Würde! Gott hat seine wunderbarste Fähigkeit nicht für sich allein behalten, sondern er hat sie uns anvertraut. Dabei beschränkt sich diese Fähigkeit auf die Fortzeugung von Leben der *eigenen* Art, von *menschlichem Leben.* Kein anderes Lebewesen können wir erschaffen – nur durch die Zeugung von Kindern sind wir als Kreatur im ureigensten Sinn kreativ. Dies vermögen wir nicht aus uns selbst heraus, sondern nur in Verbindung mit Gott, der Quelle allen Lebens. Vielleicht kann eine Frau, in deren Innerstem sich das Werden des neuen Lebens vollzieht, diese Verbindung mit Gott noch intimer und intensiver erleben, als es für Männer möglich ist.

Indem wir uns sexuell vereinigen, verschmelzen wir in gewisser Weise auch mit Gott, denn wir transzendieren unseren Status als Geschöpf. *Bei der Zeugung unserer Kinder sind wir Geschöpf und Schöpfer zugleich* – ein wahres Ebenbild des Schöpfers. Dadurch erfüllt sich unsere Bestimmung, und dies ist der tiefste Grund dafür, dass Kinder der größte Reichtum unseres Lebens sind (vgl. Psalm 127, 3).

Hier soll nicht einer konservativen Sexualmoral das Wort geredet werden; dennoch ist es eine elementare Wahrheit, dass die Sexualität zuerst auf die Zeugung von Nachkommenschaft hin ausgerichtet ist. Daran ändert auch die moderne Empfängnisverhütung und Familienplanung nichts. *Deshalb* ist die „altmodische" Moralvorstellung in der Bibel, nämlich dass die Sexualität in der geordneten Rechtsbeziehung einer Ehe ihren guten Platz hat, in Wirklichkeit hochaktuell und modern: Es ist *eine Schutzbestimmung für die besonders Schutzbedürftigen,* nämlich für Frauen und für Kinder. Wo „Sex vor der Ehe" praktiziert oder „Ehe ohne Trauschein" gelebt wird, da steigt die Wahrscheinlichkeit, dass alleinerziehende Mütter die Last tragen und Kinder ohne Väter aufwachsen. Würde man *sie* fragen, die Schwächsten, die Kleinsten, die Kinder, so würde sich gewiss ein jedes von ihnen wünschen, gemeinsam mit seinen eigenen Eltern in einer (möglichst kinderreichen) Familie aufzuwachsen – in der Sicherheit, die eine stabile Ehebeziehung ihnen bietet. Denn Vater und Mutter sind der *Ursprung* des Kindes, mit dem es unauflöslich verbunden ist. Letztlich weist dieser Ursprung hin auf Gott, der für alle Menschen wie Vater und Mutter ist (vgl. Jesaja 66, 13).

Eine Lobeshymne auf die Sexualität – passt so etwas zu einem Kloster, wo sich die Menschen traditionell zum Zölibat verpflichten? Im Kloster Gnadenthal, der christlichen Kommunität, in der ich mit meiner Familie lebe, gibt es neben ehelosen Brüdern und Schwestern auch zahlreiche Familien, die dort gemeinsam wohnen. Die meisten von ihnen sind „kinderreich" – sie haben drei, vier oder fünf Kinder (und inzwischen eine wachsende Schar von Enkelkindern). Zugleich gibt es bei uns Ehepaare mit weniger Kindern, Kinderlose und Alleinerziehende. Wir versuchen ein Ideal zu verwirklichen, das *alternativ und konservativ zugleich* ist – und dabei offen zu sein für andere. Im Alltag *leben* wir dieses Ideal, ohne viel darüber zu reflektieren. Allerdings machen wir uns durchaus Gedanken darüber, was uns wichtig ist, und wir möchten diese Gedanken mit anderen teilen. So sind zum Beispiel „Das Gnadenthal-Buch der Stille" und „Das Gnadenthal-Buch der Gastfreundschaft" entstanden. Darin werden vor allem Werte der klösterlichen Tradition bedacht, der wir verbunden sind. Wir sind jedoch auch eine „Familien-Kommunität" – und so kann dieses „Buch der Kinder" vielleicht ein kleiner Beitrag dazu sein, den Wert der Familie als Reichtum zu entdecken.

Jutta Koslowski

Quellenverzeichnis

Der Reichtum des Lebens

Psalm 127,3–4; 139,13–16. Lutherbibel, revidierter Text 1984, durchgesehene Ausgabe © 1999 Deutsche Bibelgesellschaft, Stuttgart

Psalm 22,10–11. Revidierte Elberfelder Bibel © 1985/1991/2006 SCM R.Brockhaus im SCM-Verlag GmbH & Co. KG, Witten

Kurt Marti, geburt. Aus: geduld und revolte. die gedichte am rand © 2011 Radius-Verlag, Stuttgart

Das Reich der Kinder

Reinhard Mey, Die erste Stunde. Aus: Alle Lieder © Edition Reinhard Mey, Berlin

Frédérick Leboyer, Geburt ohne Gewalt © 1995 Kösel-Verlag, München, in der Verlagsgruppe Random House GmbH

Jean Liedloff, Auf der Suche nach dem verlorenen Glück. Verlag C.H. Beck oHG, München © 1977 by Jean Liedloff. Original edition copyright © 1975 by Jean Liedloff. This translation published by arrangement with Alfred A. Knopf, Inc.

Lukas 18,15–17. Revidierte Elberfelder Bibel (s.o.)

Jirina Prekop / Christel Schweizer, Kinder sind Gäste, die nach dem Weg fragen © 2001 Kösel-Verlag, München, in der Verlagsgruppe Random House GmbH

Reiche Eltern

Margot Käßmann, „Als dieses kleine Wesen geboren wurde …". Aus: Dies., Wie ist es so im Himmel? Kinder fragen nach Gott und der Welt © 2011 Verlag Herder GmbH, Freiburg i. Br.

Frédérick Leboyer, Geburt ohne Gewalt (s.o.)

Psalm 22,10. Revidierte Elberfelder Bibel (s.o.)

Jean Liedloff, Auf der Suche nach dem verlorenen Glück (s.o.)

Reichlich Familienleben

Louise J. Kaplan, Die zweite Geburt. Die ersten Lebensjahre des Kindes © 1993 Piper Verlag, München

Reinhard Mey, Keine ruhige Minute. Aus: Alle Lieder (s. o.)

Bettina Wegner, Kinder © Bettina Wegner

Maria Montessori, Kinder sind anders. Aus dem Italienischen von Percy Eckstein / Ulrich Weber. Bearbeitet von Helene Helming. Mit einem Vorwort von Professor Dr. Ingeborg Waldschmidt © 1952/2009 Klett-Cotta, Stuttgart

Florian Langenscheidt, Glück mit Kindern © 1999 Wilhelm Heyne Verlag, München, in der Verlagsgruppe Random House GmbH

Wertvoll und würdevoll

Jirina Prekop, Kinder sind Gäste (s. o.)

Alexander Sutherland Neill, Theorie und Praxis der antiautoritären Erziehung © 1960 Hart Publishing Co., New York; 1965 Szczesny Verlag, München; 1969 Rowohlt Taschenbuch Verlag GmbH, Reinbek bei Hamburg

Astrid Lindgren: Niemals Gewalt! © Astrid Lindgren

Lyrik für das Liebespaar

**All diese Blüten,
sie werden zu Küssen**
Gedichte von der Liebe,
der Sehnsucht und ihrer Erfüllung
Aquarelle von Oskar Koller
Herausgeben von Erich Koslowski
Mit einer beigelegten Liebeslyrikpostkarte
80 Seiten · gebunden mit Schutzumschlag
Format 13 × 21 cm
durchgehend vierfarbig
€ 16,95 · ISBN 978-3-87630-236-2

An jedem Anfang darf und soll man sagen: „Allein die Liebe zählt!" Doch stellt sich recht bald die Frage, was es ist, die Liebe zwischen zwei Menschen. Darum geht es in den Texten dieses sorgfältig gestalteten Geschenkbands. Es sind freche Verse und fröhliche Dichtungen, es finden sich darin christliche Lyrik und klassische Poesie. Sie suchen danach, was die Liebe ist, und besingen ihre Schönheit. Die Gedichte finden Ausdruck für die Leidenschaft und zeichnen die romantische Liebe in wenigen Strichen nach.

www.praesenz-verlag.de